D0941174

Frank Le Gall

LES AVENTURES DE THÉODORE POUSSIN

Marie Vérité

Scénario : Yann et F. Le Gall
Couleurs : Dominique Thomas

Bibliothèque nationale du Québec

D. 1990/0089/51
ISBN 2-8001-1736-2 — ISSN 0773-4794
© Dupuis, 1988.
Imprimé en Belgique par Proost/Fleurus.

LONG ANDJU, SULTANAT
DU SARAWAK, BORNÉO.
LE 24 DÉCEMBRE 1929.

VOILÀ
BEERY
...

ALORS?

TOC

QU'ONT DIT
CES
MESSIEURS
LES EXPERTS
DE BRUNEI?

1

EXACTEMENT CE QUE JE CRAIGNAIS:
OYSTER'S LUPUS !!

BEERY&SON
SARAWAK

3

MES PERLES NE VALENT PLUS UN CLOU.... MES PERLES, LES VÔTRES, ET CELLES DE TOUTES LES PÊCHERIES DE LONG ANDJU ...

GROINK ?

POUR L'INSTANT, INUTILE DE L'ÉBRUITER... IL Y A SÛREMENT QUELQUE CHOSE À FAIRE !

JOYEUX NOËL

Marie Vérité

DRÔLE DE BLED ! QUI SAIT CE QUE NOUS SOMMES VENUS Y CHERCHER ?

NOUS, RIEN. MAIS DES ENNUIS, ÇA, NOUS EN TROUVERONS SÛREMENT !

LONG ANDJU EST EN VUE, MONSIEUR ... PUIS-JE PROCÉDER À LA MANŒUVRE DE MOUILLAGE ?

DU CALME, CHEF !... C'EST MOI, CRABB.

HALTE ! QUI VA LÀ ?

METTONS-NOUS PAR ICI. SI LE RAJA VOUS VOIT DE SA FENÊTRE, VOUS DEVREZ ALLER LUI PRÉSENTER VOS RESPECTS ...

JE N'Y TIENS PAS, AUJOURD'HUI EUH... ET CES DEUX GARDES ?

AUCUNE INQUIÉTUDE À AVOIR. ILS SONT D'ORES ET DÉJÀ GAGNÉS À NOTRE CAUSE.

PARFAIT ! QU'ATTENDONS-NOUS POUR AGIR ? MES HOMMES S'IMPATIENTENT !

IL Y A ENCORE BEAUCOUP D'HOMMES FIDÈLES À EL-KADER, CAPITAINE CRABB, MAIS PATIENCE...

PATIENCE ! LA MIENNE A DES LIMITES ! VOILÀ BIENTÔT QUINZE ANS QUE J'ATTENDS CE MOMENT, NE L'OUBLIE PAS !

ET LUI, ALORS ? VOICI DIX ANS QU'IL TRAVERSE LE FLEUVE CHAQUE SEMAINE POUR PRÉSENTER SES DOLÉANCES AU RAJA...

ET LA FEMME CRABB ? QUE DEVIENDRA-T-ELLE, LE MOMENT VENU ?

TU AURAS SA TÊTE.

MOI, JE DÉTESTE M'ENCOMBRER DE VIEUX SOUVENIRS.

LE CONSUL HONORAIRE DE GRANDE-BRETAGNE, SIR CARMICHAEL, SOLLICITE UNE AUDIENCE DE VOTRE EXCELLENCE...

MAIS JE SUIS AU REGRET DE DEVOIR VOUS FAIRE PART DE DOLÉANCES CONCERNANT CERTAINS AGISSEMENTS INTOLÉRABLES DE VOS RESSORTISSANTS.

VOTRE TRÈS SÉRÉNISSIME ALTESSE, JE VOUS APPORTE LES RESPECTS DE LA COURONNE BRITANNIQUE...

EN PREMIER LIEU, QUE DOIS-JE PENSER DE LA GARDE PERSONNELLE DE QUATRE SUPPLÉTIFS QUE VOUS M'AVIEZ PROMISE IL Y AURA TROIS MOIS EN JANVIER, ET DONT JE NE VOIS TOUJOURS RIEN VENIR ?...

DEVRONS-NOUS, MA FILLE ET MOI, SUBIR LONGTEMPS ENCORE CES VEXATIONS ?

MA POSITION DE RÉSIDENT, EN MÊME TEMPS QUE NOTRE APPARTENANCE À LA COURONNE, NOUS L'INTERDISENT...

MARIE VICTIE BRUNEI

5

CERTAINEMENT, MONSIEUR CARMICHAEL.

ET POURTANT, HIER ENCORE, DEUX DE VOS SUJETS SE SONT PERMIS DE COMPISSER JUSTE SOUS MES FENÊTRES... EUH...

... C'EST INTOLÉRABLE.

SNAP!

TCHAC

4

EXCUSEZ-MOI, MONSIEUR CARMICHAEL... UN SIMPLE VOLEUR... VOUS DISIEZ ?

4

EUH... CELA N'A PAS D'IMPORTANCE, VOTRE ALTESSE... NOUS EN REPARLERONS UNE AUTRE FOIS !

PRÉSENTEZ MES HOMMAGES À MADEMOISELLE VOTRE FILLE, VOULEZ-VOUS ?

IL PARAÎT QUE TROIS ÉQUIPAGES DE LA HOME FLEET SE SERAIENT MUTINÉS EN ÉCOSSE...

OUI OUI ! AVEC DES PLUMES DE CES MALHEUREUX OISEAUX SUR LA TÊTE !

I SEE...

À EPSOM, AU DERNIER DERBY, LE ROI...

...UN SIMPLE VOLEUR, MA CHÉRE...

WALLACE !... OÙ EST ENCORE PASSÉ MON ANDOUILLE DE FILS ?

ALLONS, BEERY ! LAISSE-LE S'AMUSER. C'EST UN GOSSE, APRÈS TOUT !

9

CRAC

LA CHALOUPE VOUS ATTEND, MONSIEUR...

?

QUI EST CE PANTIN BLANC ?

IL SENT BON !

UN MANGEUR DE GRENOUILLES !

JE VOIS AVEC PLAISIR, CAPITAINE, QUE VOUS AVEZ BIEN REÇU MON INVITATION... MA FILLE TENAIT PERSONNELLEMENT À VOTRE PRÉSENCE PARMI NOUS CE SOIR, MONSIEUR...

POUSSIN... THÉODORE POUSSIN.

NOUS NOUS SOMMES DÉJÀ RENCONTRÉS, CAPITAINE... AU BAL DU RÉSIDENT À KUCHING... VOUS SOUVENEZ-VOUS, VOUS M'AVIEZ INVITÉE À...

NON.

HA HA HA HA HA HA HA HA HA

DITES-MOI, MONSIEUR POUSSIN, DE QUOI SE COMPOSE VOTRE FRET ?... ALLEZ-VOUS JUSQU'À BRUNEI ?...

EN CETTE SAISON, L'ODEUR DES PÊCHERIES EST INTOLÉRABLE, VOUS NE TROUVEZ PAS, MONSIEUR POUSSIN ?...

QUELLE ODEUR ?
...

AHEM... VOYONS, MA CHÉRIE... MONSIEUR POUSSIN NE PENSAIT SÛREMENT PAS...

TAIS-TOI ! NOUS SOMMES LA RISÉE DE TOUT LE MONDE !! TU N'AS AUCUNE AUTORITÉ !! TU N'ES QUE LA MARIONNETTE DU RAJA !!

CE QUI M'AMÈNE À LONG-ANDJU ? MAIS C'EST TRÈS SIMPLE : JE SUIS VENU CHERCHER MARIE VÉRITÉ.

MARIE VÉRITÉ ? CURIEUX PATRONYME, EN VÉRITÉ !

MAIS SI, RAPPELEZ-VOUS, MA CHÈRE : N'ÉTAIT-CE POINT LE NOM DE LA FILLE DE SIR LAURANCE ?

J'Y PENSE, MONSIEUR POUSSIN : J'AIMERAIS QUE VOUS ME PRÉSENTIEZ RAPIDEMENT LE BORDEREAU D'ÉQUIPAGE ET LES PAPIERS DE VOTRE NAVIRE.

À QUOI BON ? ILS SONT TOUS FAUX.

MY GOD ! CET ODIEUX RAJAH BLANC ?

VOYONS, MESSIEURS... VOUS SAVEZ TOUS CE QUI S'EST PASSÉ ICI IL Y A QUINZE ANS... OU DOIS-JE VOUS LE RAPPELER ?

C'EST INUTILE ! L'HISTOIRE DU SULTANAT M'INDIFFÈRE. CELA FAIT SIX ANS QUE JE SUIS ARRIVÉ À LONG ANDJU, ET SEULE SON OSTRÉICULTURE M'INTÉRESSE.

RIGHT !

UN CONSEIL, CAPITAINE, NOS RAPPORTS AVEC LES INDIGÈNES SONT SUFFISAMMENT TENDUS COMME ÇA. PAS QUESTION DE LES ENVENIMER EN CHERCHANT DES NOISES AU RAJAH POUR UNE HISTOIRE DE FANTÔME !

FANTÔME ?...

EXACTEMENT !

NUL NE SAIT CE QU'EST DEVENUE L'INFORTUNÉE FILLE DE SIR LAURANCE AU MOMENT DE LA PRISE DE POUVOIR D'ARU-EL-KADER, MAIS PROBABLEMENT A-T-ELLE PÉRI LORS DE L'ASSAUT DU PALAIS ET DU MASSACRE QUI S'ENSUIVIT.

RARES SONT LES TÉMOINS SURVIVANTS DE CETTE ÉPOQUE...

POUR MA PART, JE N'EN CONNAIS AUCUN...

BANDE DE LÂCHES !!

VOUS, HORACE ! ET VOUS-MÊME, STANWYCK, VOUS AVEZ VU DE VOS PROPRES YEUX MARIE VÉRITÉ À UNE FENÊTRE DU PALAIS, SOUVENEZ-VOUS ! VOUS PRÉTENDIEZ MÊME QU'ELLE... QU'ELLE PLEURAIT !

RIDICULE, J'AURAI MAL VU...

QUELQUE SERVANTE MALAISE DU PALAIS, TRÈS PROBABLEMENT.

AVOUEZ PLUTÔT QUE VOUS TENEZ SURTOUT À NE PAS PERDRE LA PROTECTION DU RAJAH, ET CONTINUER À PÊCHER VOS SALES HUÎTRES SANS CRAINDRE LES PIRATES !

ÇA SUFFIT, PEARL ! TU DÉPASSES LES LIMITES DE LA BIENSÉANCE !

NE PRÊTEZ PAS TROP D'IMPORTANCE AUX PROPOS DE MISS CARMICHAEL, MONSIEUR POUSSIN...

LA MALHEUREUSE NE S'EST PAS REMISE DE SES FIANÇAILLES AVEC HOWARD CARNAVON, ROMPUES IL Y A SIX ANS, À BRUNEI...

LE GARÇON N'ÉTAIT PAS DE BONNE MORALITÉ, PARAÎT-IL...

DONG DONG DON

IL EST MINUIT ! QU'ATTENDEZ-VOUS POUR ALLER AU PALAIS ? LE RAJAH DOIT ATTENDRE IMPATIEMMENT SES JOUJOUX !

DONG

DONG DONG

VOILÀ TOUJOURS LA NEIGE ! MERRY XMAS !

HUM HUM...VOUS AVEZ DE LA VISITE, ON DIRAIT !...

JOYEUX NOËL À TOUS !

14

15

NE ME DEMANDEZ PAS COMMENT JE LE SAIS, MAIS MARIE VÉRITÉ EST MORTE ... MORTE! N'EXPOSEZ PAS INUTILEMENT VOTRE VIE, JE VOUS EN PRIE!

C'EST BIEN AIMABLE A' VOUS, MAIS JE TIENS A' M'EN ASSURER ...MOI-MÊME ...! ADIEU ...!

L'AURIEZ-VOUS PROMIS À QUELQU'UN, MONSIEUR POUSSIN ?

AVEZ-VOUS PROMIS DE RETROUVER MARIE VÉRITÉ ET DE L'EMMENER DANS UN PAYS OÙ LES FLEURS SENTENT BON ET OÙ LES JUPONS DES PETITES FILLES NE SONT PAS MACULÉS DE BOUE GLUANTE ?

TSK TSK!

DE TOUTE FACON, JE LE SAURAI, PETIT CAPITAINE.

JE SAURAI QUI VOUS A ENVOYÉ ICI !

DANS LA VIE, FAUT PAS S'EN FAIRE...

PAN-N

14

16

17

LIEUTENANT, TU PRENDS LE COMMANDEMENT PENDANT MON ABSENCE... SURVEILLE-LES, ET PAS DE BAGARRES...

MOI, JE VAIS RENDRE UNE VISITE DE POLITESSE AU CAPITAINE POUSSIN ...

POUR LE MEURTRE D'UN PASTEUR - RÉCOMP... S' adresse...

BEERY & SON

MONSIEUR POUSSIN, JE SUIS TRÈS HEUREUX DE VOUS REVOIR.

NOUS NOUS CONNAISSONS ?

ASSEZ DE MANIÈRES, SERREZ-MOI LA PINCE !

..LA PINCE !

HA HA HA HA HA !

VOUS VOULIEZ ME PARLER, JE CROIS ? VOULEZ-VOUS QUE NOUS PASSIONS DANS MA CABINE ?

TÂCHEZ DE JETER UN OEIL SUR LES ARMES QUI POURRAIENT SE TROUVER À BORD, VOUS AUTRES...

DE QUOI S'AGIT-IL, CETTE FOIS ? LE RAJAH SERAIT-IL INCOMMODÉ PAR LE GRINCEMENT DE MES HAUBANS ?

SOYONS SÉRIEUX, MONSIEUR LE CAPITAINE DE LA "MARIE VÉRITÉ".

À PROPOS, SAVIEZ-VOUS QU'IL Y A UNE MARIE VÉRITÉ DE CHAIR ET D'OS ? LA PROPRE FILLE DE SIR LAURANCE, L'ANCIEN RAJAH DE LONG ANDJU...

HÉLAS !...

HÉLAS ?

ON DIT QU'ELLE A DISPARU... ENLEVÉE PAR DES PIRATES, ET QUE SIR LAURANCE, FOU DE DOULEUR AURAIT ENVOYÉ DES AVENTURIERS À SA RECHERCHE.

DES AVENTURIERS ?

... DES AVENTURIERS OU DES REPRIS DE JUSTICE ; DES HORS-LA-LOI QUI N'AURAIENT RIEN À PERDRE ... VOUS ME SUIVEZ, MONSIEUR POUSSIN ?

DES REPRIS DE JUSTICE ?

ÉCOUTEZ, POUSSIN ! RÉCUPÉREZ VOTRE BONNE FEMME SI ÇA VOUS CHANTE ET FAITES LA PEAU AU RAJAH EN PRIME, ÇA M'EST INDIFFÉRENT !

19

MAIS NE CHERCHEZ SURTOUT PAS À M'AFFRONTER, MOI... SURTOUT PAS !

21

VOS MENACES NE M'IMPRESSIONNENT PAS, MONSIEUR CRABB.

CRAC BOUM

QUE SE PASSE-T-IL, BLASCO?

LES HOMMES SE BATTENT SUR LE PONT, CAPITAINE !

!

ÇA SUFFIT !

SI C'EST CELA QUE VOUS CHERCHIEZ EN MONTANT À BORD, SACHEZ QU'IL Y EN A EN QUANTITÉ SUFFISANTE POUR VOUS ENVOYER EN PÂTURE AUX CRABES VOUS ET VOS PIRATES !

...LAISSEZ-LE-MOI ENCORE EN VIE DEUX OU TROIS JOURS, LE TEMPS DE RÉGLER QUELQUES PETITS DÉTAILS... ENSUITE, FAITES DU RAJAH CE QUE VOUS VOUDREZ. BONSOIR, MONSIEUR POUSSIN.

À BIENTÔT, MONSIEUR CRABB.

QU'EST-CE QUE TU FAIS, TEDDY ?

JE CHERCHE DES PERLES...

QUE TU ES BÊTE, MON PAUVRE TEDDY ! LES PERLES NE SE TROUVENT PAS DANS LES BIGORNEAUX !

QUE TU CROIS, CAMILLE. DANS "L'ÎLE AU TRÉSOR" LES PIRATES TROUVENT DES PERLES DANS LES BIGORNEAUX.

EN PLUS, TU ES MENTEUR ! JE LE DIRAI À MAMAN ET À GRAND-PÈRE ... OH ! MON CHAPEAU !

COMMENT ?
C'EST
IMPOSSIBLE !

VOYEZ VOUS-MÊME : BLANCHE ET PURE COMME L'ÂME D'UN BON CHRÉTIEN...

ET HOP ! CELLE-CI, JE LA GARDE POUR MES OEUVRES.

ATTENDEZ !
ATTENDEZ !

HA HA HA HA
HA HA HA !

HA HA HA !
GANZ GUT,
HERR NOVEMBER,
GANZ GUT !
HA HA

JE COM-PRENDS...

HÉ, HÉ
HÉ, HÉ

LES TOURS DE PASSE-PASSE SONT PARFOIS UTILES POUR IMPRESSIONNER LES INDIGÈNES, N'EST-CE PAS ? UN CONSEIL, PASTEUR : LAISSEZ EN PAIX LES PAÏENS DE LONG ANDU, CE NE SONT PAS DES OUAILLES POUR VOUS. D'AILLEURS, ILS NE S'INTÉRESSENT QU'À LEURS FEMMES, LEURS COCHONS ET LEURS POULES.

ÇA TOMBE BIEN... MOI, JE CHERCHE UN POUSSIN.

UN POUSSIN ?... JE NE COMPRENDS PAS !

VOUS AIMEZ VOTRE TRAVAIL, N'EST-CE PAS ?

MÊME SI VOUS SAVEZ QU'IL EST INUTILE...?

DIRECTION

♪

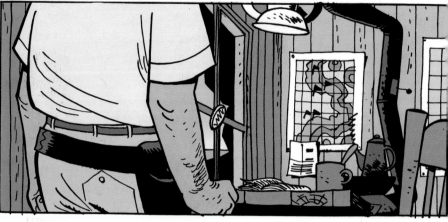

OÙ EST POUSSIN ?

LE CAPITAINE POUSSIN ?... MAIS... IL EST PARTI À TERRE, IL Y A DEUX HEURES, AVEC FINN ET DODGSON...

RECTIFIEZ VOTRE TENUE, RICHARDS, QUAND VOUS VOUS ADRESSEZ À VOTRE CAPITAINE ! VOUS ET DICK, SUIVEZ-MOI DANS MA CABINE, J'AI DES ORDRES À VOUS DONNER !

BIEN CAPITAINE !

25

BENTLEY

TUT TUT

KRAA

OISEAU-RHINOCÉROS GRANDE COLÈRE, TUAN... TRÈS MÉCHANT CARACTÈRE...

PAS ÉTONNANT, MARCHAND, SI TU AS MIS SA COMPAGNE EN CAGE... PAUVRE BÊTE, ELLE N'A PAS ASSEZ DE PLACE!

BAH! POUR CE QUE ÇA CHANGE!

LES CALAOS MURENT LEURS FEMELLES DANS DES NICHES D'ARBRES POUR QU'ELLES PONDENT. ILS NE LAISSENT QU'UNE PETITE OU-VERTURE POUR LES NOURRIR.

MON FILS XEN TRÈS HABILE... CAPTURER BEAUCOUP PRISONNIÈRES DE L'OISEAU-RHINOCÉROS...

MOI AUSSI, JE CHERCHE UNE PRISONNIÈRE... MAIS JE NE CROIS PAS QUE TU POURRAS M'AIDER À LA LIBÉRER, JE LE CRAINS.

XEN PAS VU... CAPTURER OISEAUX-RHINOCÉROS... MAIS BEAUCOUP CHOSES ÉTRANGES DANS LA FORÊT... BEAUCOUP MAGIE...

SON NOM EST MARIE VÉRITÉ... TU NE L'AS JAMAIS VUE, XEN?

DÉPÊCHE-TOI, PETIT THÉODORE, DE DÉCOUVRIR LA VÉRITÉ, MÊME SI ELLE RISQUE DE TE DÉPLAIRE...

LA VÉRITÉ? LA VÉRITÉ SUR L'OR ET LES PERLES? HA HA, TU ENTENDS ÇA, TCHANG, SCHWEIN HUND? BIENTÔT, NOUS SERONS RICHES...

VOUS M'EXASPÉREZ, AVEC VOTRE TRÉSOR... JE M'EN FICHE BIEN, DE VOTRE TRÉSOR! VOUS ÊTES DÉCIDÉMENT TROP STUPIDES!

NOS ROUTES SE SÉPARENT ICI! ADIEU!

ADIEU? ABER...

?

POURQUOI NOUS AVOIR AMENÉS JUSQU'ICI, HERR NOVEMBER?...

VOUS NE PENSIEZ TOUT DE MÊME PAS QUE J'ALLAIS RAMER MOI-MÊME DE MACASSAR À LONG ANDJU?

ADIEU, MESSIEURS, ET BON VENT! POUR TROUVER DES PERLES, JE VOUS RECOMMANDE LES BIGORNEAUX...OH OH!

NICHT GUT!

26

TIENS !
C'EST
BEERY...

!?!

LY FONG

SALUT,
VIEUX
MAGOT !

BONJOUR,
MONSIEUR
DARWIN...
COMMENT VA
CAPITAINE
CRABB ?

DING
DING DING
DING
DING

ALORS, VIEUX MAGOT,
COMBIEN ? JE SUIS
PRESSÉ !

QU'Y A-T-IL, FINN ?

C'EST LUI, CAPITAINE, AUCUN
DOUTE ! C'EST LE LIEUTENANT
DARWIN. LE DIABLE L'EMPORTE,
CETTE VIEILLE BADERNE !

TRÈS BEAU TRAVAIL... TRÈS BEAU...
HÉLAS, BEAUCOUP DIFFICILE À
VENDRE... BEAUCOUP BIJOUX
HOLLANDAIS EN CE MOMENT...

TRÈS BEAU TRAVAIL... PAREILLE
BAGUE MADAME
VAN GULLICK...
TRÈS PAREIL
SON
COLLIER...

CIG

JE ME MOQUE DE
TES COMMENTAIRES !
COMBIEN
M'EN DONNES-TU ?

DARWIN ÉTAIT LIEUTENANT
SUR LE "QUEEN MARY"
QUAND J'Y ÉTAIS MOUSSE...
ET ON DIT QUE PAR LA
SUITE...

ATTENTION,
IL SORT !

ET PAS UN MOT SUR CETTE ..."TRANSAC-
TION", À PERSONNE !

PAS MÊME À
CAPITAINE CRABB ?

TU
COMPRENDS
VITE, VIEUX
MAGOT !

27

PAUVRE MADAME
VAN GULLICK...
BEAUCOUP JOLIE
DAME, BEAUCOUP
GRACIEUSE...
TOO BAD...

TRÈS BEAU
COLLIER...
BEAU TRAVAIL...
PLAIRA BEAU-
COUP À MADAME
VAN MUIR...

29

AU REVOIR, BILL, ET MERCI POUR TOUT.

DANS DEUX HEURES, JE VOUS ENVOIE LES DEUX GARS POUR LA POMPE... HÉ ! ATTENTION, TOI ! CECI EST PARTICULIÈREMENT PRÉCIEUX !

ADIEU, BEERY, ET BONNE CHANCE... MAIS JE RESTE SCEPTIQUE : C'EST SI VIEUX, MAINTENANT, QU'IL N'EN RESTE SÛREMENT PLUS RIEN...

C'EST POSSIBLE, MAIS JE VEUX EN AVOIR LE CŒUR NET !

TUUUT ! TUUUT !

?

TIENS TIENS... MR POUSSIN SEMBLE LUI AUSSI TRÈS AFFAIRÉ, CE MATIN...

PRUDENCE...

PAW

28

30

31

CELA REMONTE À 1915... EN EUROPE, LES GENS MOURAIENT COMME DES MOUCHES... ICI, C'ÉTAIT LA PLANQUE...

J'ÉTAIS SECOND LIEUTENANT SOUS LES ORDRES DU CAPITAINE CRABB, UN JEUNE OFFICIER TERRIBLEMENT AMBITIEUX...

LE RAJAH ÉTAIT PARTI NÉGOCIER, À SINGAPOUR, TOUTE UNE ANNÉE DE PRODUCTIONS DES PÊCHERIES DE LONG ANDJU, LAISSANT SA FILLE SOUS LA PROTECTION DES DOUZE PIÈCES DE SA CANONNIÈRE MOUILLÉE DANS LA BAIE...

IL FAISAIT TRÈS CHAUD CETTE NUIT-LÀ... POURQUOI CE LÉGER BRUIT PARVINT-IL À M'ARRACHER À LA TORPEUR QUI M'ACCABLAIT ?

TOUJOURS EST-IL QUE JE MONTAI SUR LA PASSERELLE.

ELLE ÉTAIT VIDE

OU PRESQUE... LE LIEUTENANT PEARY ET LE BOSCO DE QUART, AVAIENT EU LE COU TRANCHÉ D'UNE OREILLE À L'AUTRE.

ET TOUJOURS CE BRUIT... LE TEMPS DE PRENDRE UNE ARME...

CLING

CLING

C'ÉTAIT POUR SURPRENDRE CRABB SE LIVRANT À UN BIEN SINGULIER MANÈGE PAR CETTE CHALEUR.

QU'AVEZ-VOUS FAIT, CAPITAINE !

POURQUOI N'AI-JE PAS TIRÉ À CE MOMENT-LÀ ? POURQUOI AI-JE ÉCOUTÉ SES PAROLES ?

ÉCOUTE, MON PETIT DARWIN, JE TE CONSEILLE DE JOUER COMME MOI LA CARTE ARU-EL-KADER ! IL OUBLIERA TES DETTES DE JEU... IL...

ARU-EL-KADER ? LE PIRATE ?

PAN PAN

OUI, LE PIRATE. IL EST TEMPS DE CHOISIR TON CAMP DARWIN !

JE SUIS RESTÉ PROSTRÉ, LES ÉPAULES ÉCRASÉES SOUS UNE CHAPE DE PLOMB, REGARDANT CRABB OUVRIR LES VANNES DU BALLAST ET SABORDER SON NAVIRE...

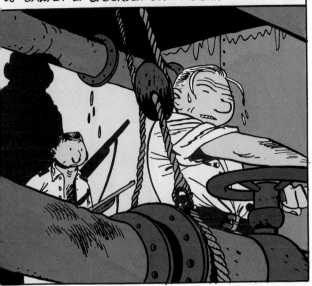

CRABB AVAIT COMPRIS QUE JE NE TIRERAIS PAS. IL CONNAISSAIT LES HOMMES DE MON ESPÈCE...

VIENS, IMBÉCILE, IL NE VA PAS FAIRE BON RESTER ICI ! AHAHAHA !

JE L'AI SUIVI COMME UN SOMNAMBULE. POURQUOI FAISAIT-IL SI CHAUD CETTE NUIT-LÀ ?

DÉJÀ LA CANONNIÈRE PRENAIT DE LA GÎTE...

BAOUM PAN

À PARTIR DE CE MOMENT-LÀ, TOUT DEVINT CONFUS...J'AI LE SOUVENIR DE COUPS DE FEU, DE RÂLES, DE L'ODEUR ÂCRE DU SANG ET DE LA POUDRE BRÛLÉE.

31

MON PREMIER COUP DE FEU PARTIT TOUT SEUL. CONTRE QUI ? JE NE ME SOUVIENS PLUS TRÈS BIEN. CELA N'A D'AILLEURS GUÈRE D'IMPORTANCE.

PAN

ET PUIS CRABB MOURUT.

MAIS LES CRABES COMME LES CHATS, ONT PLUSIEURS VIES.

SUITE À LA GÎTE, LES LOURDES PIÈCES DE LA CANONNIÈRE SE TROUVAIENT DANS L'IMPOSSIBILITÉ DE TIRER SUR LES JONQUES QUI L'ASSAILLAIENT.

BIENTÔT, CE FUT L'HALLALI POUR LES HOMMES D'ÉQUIPAGE RESTÉS FIDÈLES À SIR LAURANCE.

LES DERNIERS FURENT TAILLÉS EN PIÈCES. LA LOYAUTÉ N'ÉTAIT PAS UNE DENRÉE PAYANTE CE JOUR-LÀ...

LE COMBAT SE POURSUIVIT À TERRE. LES COCOTIERS PORTENT ENCORE LES IMPACTS DES BALLES. PUIS LE SILENCE RETOMBA...

JE RESTAIS SEUL AU MILIEU DES CADAVRES, NE POUVANT DÉTACHER MON REGARD DE CRABB BAIGNANT DANS SON SANG.

POURQUOI AI-JE SAUVÉ CETTE CRAPULE ? JE CROIS QUE LES HOMMES DE MON ESPÈCE AIMENT LES CRAPULES COMME CRABB QUI LES COMPRENNENT SI BIEN...

ÇA IRA... CONDUIS-MOI AU PALAIS...

PLUS TARD. VOUS ÊTES BLESSÉ...

CONDUIS-MOI TOUT DE SUITE! JE TIENS À ÊTRE LÀ, PARMI LES VAINQUEURS... J'AI DROIT À MA PART.

ALORS, CRABB? QUE DIS-TU DE MA NOUVELLE DEMEURE?

N'OUBLIEZ PAS QUE C'EST À MOI QUE VOUS LÀ DEVEZ EN PARTIE!

LE RAJAH N'OUBLIE PAS CE QUE LE PIRATE T'AVAIT PROMIS.

LE SULTANAT EST À MOI... ENCORE QUELQUES GROUPES DE RÉSISTANCE À RÉDUIRE ET...

DOMMAGE TOUT DE MÊME QUE SIR LAURANCE SOIT PARTI À SINGAPOUR; SA TÊTE AURAIT ÉTÉ DU PLUS BEL EFFET AU BOUT D'UNE PIQUE...

? TIENS! À PROPOS DE SIR LAURANCE...

PUISSANT RAJAH, JE VOUS PRÉSENTE MARIE VÉRITÉ, LA FILLE DE VOTRE PRÉDÉCESSEUR...

PLUS LOIN, LA "MARIE VÉRITÉ" COULAIT DANS L'INDIFFÉRENCE GÉNÉRALE...

SEIGNEUR !

DE LA ROUILLE ! DES TONNES DE ROUILLE ! C'EST CETTE ÉPAVE QUI A SOUILLÉ LES BANCS D'HUÎTRES !

GODDAM ! LA CANONNIÈRE DU RAJAH !

J'AVAIS COMPLÈTEMENT OUBLIÉ CETTE VIEILLE HISTOIRE...

PLOUF ?!

WALLACE, BON SANG ! TU NE CESSERAS DONC JAMAIS DE FAIRE L'ANDOUILLE ?!

J'AI... BLUB... GLISSÉ, D'PA...

34

ÇA, C'EST
LONG ANDJU.

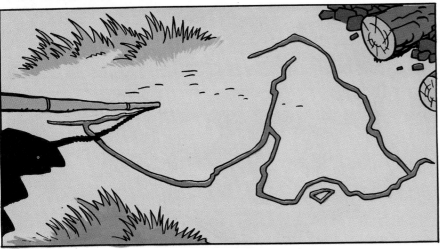
VOICI LA "MARIE
VÉRITÉ", AVEC
POUSSIN A'
SON BORD...

ET ICI, CE QU'IL
CHERCHE.

ET VOILA LE
CHEMIN POUR
Y PARVENIR

A' PRÉSENT, QUEL-
QUES PASSÉS
MAGIQUES ET
POUSSIN SERA
IRRÉSISTIBLEMENT
ATTIRÉ VERS CET
ENDROIT.

VOYONS VOIR SI ÇA
VA MARCHER...

38

NON, THÉODORE... CE N'EST PAS ELLE...

NOVEMBRE ?!... COMMENT SE PEUT-IL ? QUAND JE VOUS AI LAISSÉ POUR MORT DANS CETTE TAVERNE DE MACASSAR, VOUS BAIGNIEZ DANS VOTRE SANG...

DU SANG ? MOI ? QUELLE HORREUR !... ILLUSION, THÉODORE, TOUT N'EST QU'ILLUSION...

C'EST VOUS, QUI SAIGNEZ.

MA BLESSURE S'EST ROUVERTE!

MON DIEU! COMME ÇA DOIT ÊTRE DOULOUREUX...

JE VAIS VOUS AIDER; SOUS CES CLIMATS, L'INFECTION EST GALOPANTE.

NE M'APPROCHEZ PAS! JE SAIS CE QUE ME VAUT VOTRE SOLLICITUDE!

VOUS AVEZ TORT... MOI QUI M'APPRÊTAIS À VOUS FAIRE PART DES CONFIDENCES QUE M'A FAITES CETTE NOBLE VIEILLE DAME...

ÉPARGNEZ-MOI VOS MISES EN SCÈNE GRAND-GUIGNOLESQUES, JE VOUS EN PRIE... VOUS N'ÊTES MÊME PAS BON ACTEUR!

OH! GRAND-GUIGNOLESQUE!? GRAND-GUIGNOLESQUE, LA GRANDE-PRÊTRESSE POMARÉ XIX, DÉCÉDÉE IL Y AURA DEUX OU TROIS CENTS ANS AUX PRUNES...? COMME VOUS VOUDREZ...

POURTANT... ELLE M'A DIT DES CHOSES BIEN TROUBLANTES CONCERNANT UNE CERTAINE MARIE VÉRITÉ...

VOUS N'IMAGINEZ PAS LE SANS-GÊNE DE CERTAINES PERSONNES...

VOYONS... OÙ EN ÉTAIS-JE? AH OUI... EN 1915, ARU-EL-KADER SUCCÉDAIT TUMULTUEUSEMENT AU RAJAH LAURANCE... TOUT LUI RÉUSSISSAIT...

SES POURPARLERS AVEC LES NÉGOCIANTS ANGLAIS DEVAIENT ÊTRE SCELLÉS PAR L'ANNONCE DE SES NOCES AVEC LA FILLE DE SON PRÉDÉCESSEUR, HÉLAS...

AU TERME D'UNE CÉRÉMONIE PAÏENNE, À LAQUELLE AUCUN SUJET BRITANNIQUE NE CONSENTIT ÉVIDEMMENT À PARTICIPER, LA JEUNE ÉPOUSE S'EMPOISONNA DANS LA CHAMBRE NUPTIALE...

RIEN, NI LA MAGIE NI LE POUVOIR DU RAJAH NE PURENT LA RAMENER À LA VIE...

MARIE VÉRITÉ ÉTAIT PARVENUE À ÉCHAPPER À SON MAÎTRE...

À L'INSU DE TOUS, LE RAJAH, BAFOUÉ EMPORTA LE CORPS DANS LE PLUS GRAND SECRET ET SE RENDIT AU TOMBEAU SACRÉ DE NOTRE BONNE AMIE POMARÉ.

SANS ÉGARD POUR LA VIEILLE PRÊTRESSE, IL Y DÉPOSA LE CORPS ET DISPARUT.

MAIS LE SACRILÈGE AVAIT EU UN TÉMOIN, LE VIEUX PADANG, GARDIEN DES LIEUX.

PADANG S'EMPRESSA DE CHASSER L'IMPORTUNE ET DE RENDRE À POMARÉ XIX L'ÉTERNEL SOMMEIL, UN INSTANT TROUBLÉ...

MAIS ALORS...?!... MARIE VÉRITÉ SERAIT...?

LA JUNGLE EST VASTE... ELLE EST SÛREMENT UN PEU ICI... UN PEU LÀ... UN PEU PARTOUT...

C'EST IMPOSSIBLE ! DANS CE CAS, QUI SERAIT CETTE FEMME APERÇUE AU PALAIS ?

SI VOUS DÉSIREZ INTERROGER UN TÉMOIN VIVANT, JE VOUS CONSEILLE DE COURIR AU PALAIS... VOS AMIS NE VOUS ONT PAS ATTENDU, SEMBLE-T-IL...

PAN PAN

LES FOUS !

41

NOVEMBRE! VOUS M'AVEZ RETENU SCIEMMENT POUR GAGNER DU TEMPS!

QU'ALLEZ-VOUS IMAGINER? COUREZ DONC!

PAN PAN

MONSIEUR POUSSIN! NOUS VOUS AVONS CHERCHÉ PARTOUT! LE CAPITAINE GORDON EST COMME FOU!

AU NOM DU CIEL, FINN, QUE SE PASSE-T-IL?

PAN

IL A REFUSÉ DE NOUS ÉCOUTER, DODGSON ET MOI, ET A COMMENCÉ À HARANGUER LES HOMMES TOUT LE MONDE L'A SUIVI, POUR VENGER VOTRE DISPARITION ET LIBÉRER MARIE VÉRITÉ... IL N'Y AVAIT RIEN À FAIRE...

L'IMBÉCILE!

40

CAPITAINE ! CAPITAINE GORDON !

HUM... UNGLÜCK, KAMARADS !*

TOI, RÉPONDS ! OÙ EST LE CAPITAINE GORDON ?

PAR LÀ, JE CROIS... OH, C'EST VOUS, MONSIEUR ?

* (EN ALLEMAND:) PAS DE CHANCE, CAMARADES !

TIENS, POUSSIN ?! REGARDEZ CE QUE NOUS AVONS DÉCOUVERT : LE BUTIN DE CES PIRATES !

SS DIVONA

VOUS...!, ESPECE DE CRÉTIN GALONNÉ ! VOUS N'AVEZ PAS TENU COMPTE DE MES ORDRES !

REGARDEZ ! LE FRET DU PATNA, DISPARU CORPS ET BIENS AVEC SES QUATRE-VINGTS PASSAGERS !... ET LÀ, LES MALLES DU DIVONA... DE L'OUJDA !

REGARDEZ !!...CES TOILETTES...CES BIJOUX... LES SALAUDS !, IL FAUT TOUS LES TUER !

MS PATNA

SS DIVONA

CAPITAINE CRABB !

BON DIEU ! QUE SE PASSE-T-IL LÀ-HAUT ?

43

PEARL! PEARL!

PERSONNE N'A VU MA FILLE ?... JE M'INQUIÈTE POUR ELLE...

C'EST LA FIN DE LONG ANJU, J'EN AI BIEN PEUR...

SANS LA PROTECTION DU RAJAH NOTRE PEAU NE VAUDRA PLUS TRÈS CHER...

TOUT À L'HEURE, MES BOYS MALAIS ME REGARDAIENT DÉJÀ D'UN DRÔLE D'AIR...

BAH ! TOUT ÉTAIT DÉJÀ POURRI, ROUILLÉ, SOUILLÉ... LA LÈPRE DES PERLES N'ÉTAIT QU'UN SIGNE AVANT-COUREUR...

TIENS, PAPA, AS-TU DÉJÀ REMARQUÉ QUE PERLE EST UNE ANAGRAMME DE LÈPRE ?

PAN PAN PAN PAN

! !

CAPITAINE ! CRABB ET SES PIRATES ! ILS NOUS PRENNENT À REVERS !

GODDAM !

BAOUM PAN PAN

ON L'AVAIT COMPLÈTEMENT OUBLIÉ, CELUI-LÀ... VENEZ, TOUS !

PAN PAN

TOI, CONDUIS-MOI À LA FEMME BLANCHE... VITE !

45

VOUS, PEARL ?

MONSIEUR POUSSIN, IL... IL M'A FORCÉE À JOUER CETTE ODIEUSE COMÉDIE ! IL MENAÇAIT DE ME TUER... DE TUER MON PAUVRE PÈRE ET TOUS LES BLANCS DE LONG ANDJU...

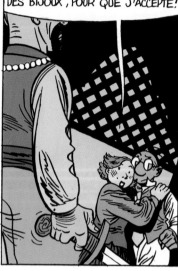

C'EST UN FOU !... AMOUREUX D'UNE FEMME MORTE, MORTE PAR SA FAUTE ! IL M'AVAIT PROMIS DES ROBES, DES BIJOUX, POUR QUE J'ACCEPTE !

IL ME FAISAIT PEUR... IL EST CAPABLE DE TOUT... IL... IL A JETÉ UN SORT SUR LES PERLES, JE LE SAIS !...

PERSONNE NE DOIT SAVOIR NOTRE SECRET... PERSONNE ! TUEZ CE SALE FOUINEUR DE POUSSIN ET PARTONS VITE ! J'AI TOUS MES BIJOUX À CÔTÉ, IL EST ENCORE TEMPS... EMMENEZ VITE VOTRE PETITE MARY LOIN D'ICI !

HOWARD ? C'EST VOUS ? VOUS ME REVENEZ ?! TROP TARD ; LE RAJAH ET MOI SOMMES FIANCÉS EN SECRET. IL VA M'EMMENER CE SOIR À BORD DU BATEAU BLANC...

MAIS NON, C'EST IMPOSSIBLE... JE NE PEUX PAS ! IL PORTE SON NOM À ELLE... LE BATEAU... IL ME MANGERAIT LES PIEDS... ELLE ME BRÛLERAIT... JE NE VEUX PAS BRÛLER !...

48